Erich Rauschenbach
Manfred Hofmann

Keine Angst vor BERLiN!

Jaron Verlag

Cartoons: Erich Rauschenbach
Texte: Manfred Hofmann

Originalausgabe
1. Auflage 2004
© 2004 Jaron Verlag GmbH, Berlin
Alle Rechte vorbehalten. Jede Verwertung des Werkes und aller seiner Teile
ist nur mit Zustimmung des Verlages erlaubt. Dies gilt insbesondere für
Vervielfältigungen, Übersetzungen, Mikroverfilmungen und die Einspeicherung
und Verarbeitung in elektronischen Medien.
Umschlaggestaltung: Erich Rauschenbach
Satz und Layout: Atelier Kattner, Berlin
Lithographie: LVD GmbH, Berlin
Druck und Bindung: Druckerei Uhl, Radolfzell
ISBN 3-89773-500-8

Den Berlinern ist ihre BVG lieb und teuer

Die Berliner lieben gutes Essen

Wenn's um die Wurst geht

Auch wenn es andere deutsche Regionen nicht wahrhaben wollen: Die Currywurst ist definitiv in Berlin geboren sowie groß und stark geworden. Im September 1949 mischte Hertha Heuwer in ihrem Imbissstand an der Kantstraße ein paar Gewürz- und Ketchup-Reste und drapierte sie auf einer Bratwurst. Führt man sich zudem den Inhalt der Wurst an sich vor Augen, muss man also feststellen: Des Berliners Lieblingsschmaus ist ein reines Produkt der Resteverwertung. Aber wunderlicherweise schmeckte es ausgezeichnet. Der zufällig mitbeiligte Curry gab der Kreation, die bald in aller Munde war, den Namen. Frau Heuwer aber wurde postum mit einem Denkmal geehrt.

Inzwischen gibt es die Currywurst in vielfältigen Variationen, mit oder ohne Pelle und mit diversen roten Soßen. Jeder Wurstfan hat einen Geheimtipp für die beste Imbissbude und lässt daneben keine andere gelten. Deshalb spricht man auch vom „Großen Currywurst-Paradoxon": Umfragen zufolge gibt es unermesslich viele Imbisse, die allesamt die beste Currywurst der Stadt herstellen.
Leider ist die Zukunft der Currywurst ungewiss. Mit dem Hamburger lebt sie inzwischen in friedlicher Koexistenz, und der Angriff von Sushi und Hotdog wurde bravourös abgeschmettert, aber der Döner macht ihr zunehmend zu schaffen. So darf man heute schon ungestraft über sie lästern, wie ein Graffito an einem Charlottenburger Currywurst-Stand zeigt:

**Ich ess' beinah' alles, hörste -
alles außer Currywörste.
Wenn am Imbiss auf die Schnelle
ich die Currywurst bestelle
und das Fräulein fragt voll Charme:
„Wolln Se Ihre Wurscht im Darm?"
dann vermindert das rapid
sofort meinen Appetit.**

In Berlin ist die Deutsche Einheit Alltag

Die Berliner Taxifahrer sind einmalig

Die Gelbe Gefahr Lange hat man gerätselt, weshalb die Berliner Droschkenkutscher so sind, wie sie sind. Kürzlich konnte das Geheimnis entschlüsselt werden. Nach dem selbstverschuldeten Unfalltod eines Taxifahrers fand sich bei der Testamentseröffnung das folgende Geheimdokument:

Die Zehn Gebote für den Taxifahrer

1. Du bist dein Herr. Du sollst keine Herren haben neben dir.

2. Du sollst nicht begehren eine mehr als oberflächliche Kenntnis des Berliner Stadtplans.

3. Du sollst die längere Strecke ehren, auf dass sich dein Fahrgast lange an deiner angenehmen Gesellschaft erfreuen kann.

4. Du sollst die gottlose Vorschrift, Richtungsänderungen mittels deines Blinkers anzuzeigen, ignorieren.

5. Du sollst als Zeichen deiner Armut nie genügend Wechselgeld mit dir führen.

6. Du sollst eine stete Rede führen wider deinen Fahrgast.

7. Du sollst in zweiter Spur halten, wann immer dir dies möglich ist.

8. Du sollst deine Unzufriedenheit über deines Fahrgastes Trinkgeld laut und deutlich zeigen.

9. Du sollst nicht anstreben die hohe Geschwindigkeit auf Autobahnen, Schnellstraßen oder allen Wegen, auf denen du den Verkehr aufhalten kannst.

10. Du sollst deinem Fahrgast die rechte Anschauung über Gott und die Welt vermitteln.

Das Berliner Nachtleben bildet

Die Berliner nennen die Dinge beim Namen

Auf den Volksmund gefallen

Der Berliner Volksmund ist wegen seiner Kreativität berühmt und berüchtigt. Berühmt, weil er einige schöne Spitznamen für bekannte Bauwerke hervorgebracht hat – und berüchtigt, weil er überzeugt ist, dies bei jeder passenden und unpassenden Gelegenheit fortführen zu müssen.

Jeder kennt die Siegessäule als *Gold-Else* und den Funkturm als *Langen Lulatsch*, ebenso treffend benannt wie später das Luftbrückendenkmal und die Kongresshalle als *Hungerharke* und *Schwangere Auster*.

Danach wurde es eher verkrampft: *Erichs Lampenladen* oder *Telespargel* sind ähnlich uninspiriert wie *Panzerkreuzer Charlottenburg* oder *Wohndampfer*. Allenfalls ein paar späte Highlights wie *Palazzo Prozzo* oder *Bierpinsel* sind als Beweise besonderer kreativer Fähigkeiten des Berliners zu verbuchen.

In letzter Zeit muss man nun eine gewisse Schweigsamkeit des Volksmunds feststellen. Lediglich das Kanzleramt hat das Label *Waschmaschine* verpasst gekriegt – eine im übrigen nur mäßig originelle Bezeichnung, die in ihrer Witzlosigkeit dem Objekt aber durchaus angemessen scheint.

Merkwürdigerweise hat man bisher noch keine Umschreibungen für die neuen Bauwerke am Potsdamer Platz gehört. Wahrscheinlich ist dem Berliner Volksmund bei so gewaltiger architektonischer Hybris vor Schreck die Spucke weggeblieben.

Berliner Beamte sind unbestechlich

Berlin ist ein Paradies für Trinker

Von banal bis exotisch

Die typischen Berliner Getränke kommen und gehen. An die Stelle von Herva mit Mosel – die auf Fläschchen gezogene Verwandlung von Wein in Wasser, von gesetzten Damen in den Cafés, insbesondere im Café Keese, hektoliterweise weggesüffelt – ist heute ein Perlwein getreten, der sich modisch Prosecco nennt und herhalten muss, wenn es für ein Glas von Herrn Clicquots Witwe nicht reicht.

Der männliche Berliner bestellte sich in früheren Zeiten eine Molle mit Korn, also Bier und Schnaps. Da das traditionelle einheimische Bier wie Kindl oder Schultheiß sich allgemeiner Abneigung erfreut – der Prophet gilt bekanntlich nichts im eigenen Lande –, greift man heute lieber zu tschechischen oder sächsischen Importen oder gleich zu einem Blaumacher namens Futschi, dessen wesentlicher Bestandteil mehr oder weniger (meist mehr!) Weinbrand ist, den man mittels Cola auf Trinkstärke herabgesetzt hat.

Typisch für Berlin ist auch ein Getränk, das von Aussehen und Geschmack her verunglücktem Bier ähnelt und Weiße genannt wird, obwohl man es mittels rotem oder grünem Sirup zu tarnen versucht. Seine Verbreitung ist nicht ohne Grund auf Berlin beschränkt, und getrunken wird es hier fast ausschließlich von jenen nach Folklore suchenden Touristen, die sich in Köln auch unbedingt Kölsch und auf Korfu Retsina einverleiben müssen.

Noch begrenzter – nämlich nur in einer Eckkneipe – verbreitet sind oftmals Kreationen wie die „Feige Sau", Wodka mit einer Feige plus Sahnehäubchen, oder der „Rostige Nagel", der wie „Flammendes Inferno" eine geglückte Synthese aus Alkohol und Chili ist. Mit viel Glück kann man auch auf den „Bahndamm" stoßen, einen in Kanistern importierten Tresterschnaps, dessen hervorstechende Eigenschaft ist, dass man nach reichlichem Konsum am folgenden Morgen nicht mehr weiß, in welcher Kneipe man das Teufelszeug denn eigentlich getrunken hat.

Berlin bietet eine einzigartige Pressevielfalt

Die Berliner lieben Geheimnisse

Keiner weiß nix von was

Es musste ja irgendwann so kommen: Den Verantwortlichen wurde klar, dass Pullach, der bisherige Standort des Bundesnachrichtendienstes, schon völlig ausspioniert war – solch ein eher kleines Städtchen gibt ja auch nicht gerade viel zum Ausspionieren her –, und so beschlossen sie den Umzug nach Berlin. Hier lauert schließlich hinter jeder Ecke eine Nachricht, hier sagen sich Spion und Agent gute Nacht, und hier hat kaum ein Geheimnis die Chance, in Ruhe alt zu werden.

Wie es sich für einen richtigen Geheimdienst gehört, hielt der Geheimdienst den Umzug lange Zeit vor sich selbst geheim. Später dann wurden, um Freund und Feind zu verwirren, als Standort Lichterfelde beziehungsweise Mitte beziehungsweise Zehlendorf ins Gespräch gebracht. Aber vielleicht war Lichterfelde auch nur der interne Codename für Mitte und Zehlendorf der für Lichterfelde oder auch umgekehrt, wer weiß? Schließlich können selbst Geheimdienste nicht alle Geheimnisse kennen.

Immerhin: Schon die Bezeichnung „Berliner Behörde" dürfte in Zukunft für eine perfekte Tarnung sorgen und fremde Geheimdienste vor schier unlösbare Identifikationsprobleme stellen.

Ein BND-Mitarbeiter hat uns den Text freundlicherweise decodiert:
Keiner weiß nix von was – Es musste ja irgendwann so kommen: Den Verantwortlichen wurde klar, dass Pullach, der bisherige Standort des Bundesnachrichtendienstes, schon völlig ausspioniert war – solch ein eher kleines Städtchen gibt ja auch nicht gerade viel zum Ausspionieren her –, und so beschlossen sie den Umzug nach Berlin. Hier lauert schließlich hinter jeder Ecke eine Nachricht, hier sagen sich Spion und Agent gute Nacht, und hier hat kaum ein Geheimnis die Chance, in Ruhe alt zu werden. – Wie es sich für einen richtigen Geheimdienst gehört, hielt der Geheimdienst den Umzug lange Zeit vor sich selbst geheim. Später dann wurden, um Freund und Feind zu verwirren, als Standort Lichterfelde beziehungsweise Mitte beziehungsweise Zehlendorf ins Gespräch gebracht. Aber vielleicht war Lichterfelde auch nur der interne Codename für Mitte und Zehlendorf der für Lichterfelde oder auch umgekehrt, wer weiß? Schließlich können selbst Geheimdienste nicht alle Geheimnisse kennen. – Immerhin: Schon die Bezeichnung „Berliner Behörde" dürfte in Zukunft für eine perfekte Tarnung sorgen und fremde Geheimdienste vor schier unlösbare Identifikationsprobleme stellen.

Die Berliner sind ausländerfreundlich

fünfzehn

Berlin hat sehenswerte Baustellen

Wer anderen eine Baugrube gräbt ...

Wo gebaut wird, wird gehobelt, und wo gehobelt wird, da fallen Späne. Das erlaubt den Schluss: Wo gebaut wird, geht was schief. Und wo viel gebaut wird, geht viel schief. Das war schon immer so, wie ein Blick in die Geschichte zeigt:

DER TURMBAU ZU B.

UND SIE NAHMEN ZIEGEL ZU STEIN UND STAHL ZU BETON UND SPRACHEN UNTEREINANDER: WOHLAUF, LASST UNS EINE STADT UND EINEN TURM BAUEN, DES SPITZE BIS AN DEN HIMMEL REICHE, DASS WIR UNS EINEN NAMEN MACHEN! DENN SONST BLEIBEN WIR DER GERINGSTEN EINE UNTER DEN HAUPTSTÄDTEN.

UND SIE HUBEN AN UND ERRICHTETEN ALSO EINE BAUGRUBE, DIE WAR ABER DIE GRÖSSTE IM GANZEN LANDE, UND SIE MACHTEN EIN LOCH HIER UND DA, UND TÜRMTEN SANDBERGE UND GOSSEN DER FUNDAMENTE VIELE. UND ES WAR ABER EINE WÜSTENEI.

DA FUHR DER HERR HERNIEDER, DASS ER SÄHE DIE STADT UND DEN TURM, DIE DIE MENSCHENKINDER BAUTEN.

UND DER HERR SPRACH, UND ER REDETE UND SAGTE: SIE WERDEN NICHT ABLASSEN VON ALLEM, WAS SIE SICH VORGENOMMEN HABEN ZU TUN, UND ICH WETTE, SIE WERDEN DARAN PLEITE GEHEN.

DIE MENSCHENKINDER ABER SPRACHEN UNTEREINANDER UND SAGTEN: MENSCHENSKINDER, WIR MÜSSEN UNS WAS EINFALLEN LASSEN, UND SIE SPARTEN AM PECH UND AM ERDHARZ UND AN ZIEGELN UND AM STYROPOR UND HOLTEN VIEL VOLK AUS DER FERNE. JENE ABER REDETEN MIT POLNISCHER ZUNGE UND MIT PORTUGIESISCHER UND MIT ENGLISCHER UND ZUWEILEN GAR MIT IRISCHER. UND EINER VERSTAND DES ANDEREN SPRACHE NICHT.

ALS ABER DER HERR SAH, DASS SIE NICHT ABLIESSEN VON IHREM VORHABEN, DA REDETE ER UND SPRACH: WOHLAUF! LASST UNS HERNIEDERFAHREN. UND ER SCHICKTE WASSER IN DIE ERDRÖHREN UND LIESS FUNDAMENTE ABSACKEN UND WARF KRÄNE DURCHEINANDER UND MACHTE DIE WÄNDE ERZITTERN. UND DIE MENSCHENKINDER REDETEN UNTEREINANDER UND SPRACHEN: SCHÖNE SCHEISSE! UND SIE FLUCHTEN ABER JEDER IN SEINER ZUNGE, DIE DA WAREN POLNISCH UND PORTUGIESISCH UND ENGLISCH UND IRISCH. UND DER CHEFARCHITEKT VERHÜLLTE SEIN HAUPT.

Berlin hat eine hohe Promi-Dichte

Den Berliner haut nichts um

Da legst di' nieder!

Der Berlin-Tourist – was hasst er?
Das Berliner Gehweg-Pflaster!
Tiefe Löcher, lose Steine,
stolpernd bricht man sich die Beine.

Der Besucher flucht und spricht:
„Wo ich herkomm', gibt's das nicht!"
Ist schon klar, denn wo der wohnt,
wird der Gehweg nachts geschont,
in Berlin klappt man jedoch
nicht die Bürgersteige hoch!

Die Berliner sind laufend unterwegs

Der Berliner hält die Tradition hoch

Mit Zille in die Destille

Über die Frage, wer in der Vergangenheit der wichtigste Mann für Berlin gewesen ist, gibt es unterschiedliche Meinungen. Manche behaupten, das sei Albrecht der Bär gewesen, denn wenn er Berlin nicht gegründet hätte, sähe es heute schlecht aus um die Stadt. Andere halten den Großen Kurfürsten für denjenigen welchen, weil er nicht nur die Allee Unter den Linden anlegen ließ und einige Schlösser über Stadt und Land verteilte, sondern die Hugenotten ins Land holte. Und ohne die wüssten die Berliner heute noch nicht mal, was Bouletten, Muckefuck oder Fisimatenten sind. Viele meinen aber auch, John F. Kennedy sei der wichtigste Mann für Berlin gewesen, weil er den Berliner in aller Welt ebenso bekannt gemacht hat wie McDonald's den Hamburger.

Stimmt aber nicht. Keiner hat für Berlin und sein Image mehr getan als Heinrich Zille. Ihm ist zu verdanken, dass die Berlin-Touristen ein ganz bestimmtes Bild von Berlin haben, in dem Schmuddelkinder mit Rotznasen in Rudeln durch graue Hinterhöfe toben und Kohldampf schieben. Dabei haben sie eine Handbreit über dem knurrenden Magen ein goldenes Herz und dicht daneben eine hübsche Portion Mutterwitz. Nun hat Zille das ja eigentlich ganz anders gemeint, aber zusammen mit Schmalzstullen, sauren Gurken und Eckkneipen ergibt das ein wunderbar sozialromantisches Bild, und nicht wenige Touristen wundern sich, dass Berlin jenseits der Altberliner Lokalitäten ganz anders ist.

Immerhin hätte die Andenken-Industrie ohne Zille erhebliche Probleme, da schätzungsweise die Hälfte aller Souvenirs mit seinen Zeichnungen oder Sprüchen bedruckt ist. Und ohne ihn hätten auch die diversen Kneipen, die sich Zille-Stube, Zille-Eck, Zille-Destille oder ähnlich nennen, massive Identifikationsprobleme. Abschließend sei nicht verschwiegen, dass auch wir ohne Zille aufgeschmissen wären, weil diese Seite leer geblieben wäre ...

In Berlin lebt sich's billig

einundzwanzig

Berlin ist die Hauptstadt der Singles

Hollywood an der Spree

Berlin führt so viele Statistiken an, die der Kneipen pro Kopf beispielsweise ebenso wie die der Suffköppe pro Kneipe, dass es einen nicht wundert, wenn die Berliner Scheidungsrate deutschlandweit die höchste ist und sogar von Hollywood nur knapp getoppt wird. Um die siebzig Prozent aller Ehen werden geschieden, und das ist volkswirtschaftlich eigentlich ganz vernünftig. Der Fiskus freut sich, weil das Ehegattensplitting flachfällt, die Lebensmittelindustrie ist zufrieden, weil sie teure Ein-Portionen-Packungen verkaufen kann, und die Discos und Bars prosperieren, weil sie voller Menschen sind, die nach einem Scheidungspartner in spe Ausschau halten.

Dabei liessen sich viele Trennungen womöglich vermeiden, wenn die Paare sich entschliessen könnten, nach Bayern zu ziehen, wo die Scheidungsrate weit unter fünfzig Prozent liegt. Aber anscheinend ist es dann doch das kleinere Übel, sich scheiden zu lassen.

Ins Grübeln kommt man allerdings, wenn man die Statistik mal genauer betrachtet: 1993 wurden täglich noch 42 Ehen geschlossen und 18 geschieden, zehn Jahre später waren es nur noch 35 Heiraten bei 26 Scheidungen. Nach mathematischen Gesetzen bedeutet das, dass es in absehbarer Zeit nur noch Scheidungen geben wird. Vielleicht müssen dann die Ehen sogar aus Bayern importiert werden.

Berlin ist ein Mekka für Kunstliebhaber

dreiundzwanzig

Berlin ist ein Eldorado für Radfahrer

Radlers Song

Wenn die Ka-Eff-Zetts sich drängeln
und durch Innenstädte schlängeln
und wenn in Berufsverkehren
sich die Unfallschäden mehren,
wenn in stundenlangen Stauen
sich die Autofahrer grauen:
kümmert mich das herzlich wenig -
bin ich Radler, bin ich König!

Wenn die Lampen, könnt' man meinen,
nachts und abends niemals scheinen,
wenn die Bremse längst entzwei ist,
ein Reflektor nicht dabei ist,
wenn es mit der Klingel hapert
und das Schutzblech meistens klappert:
kümmert mich das herzlich wenig -
bin ich Radler, bin ich König!

Wenn ich schräg die Kreuzung quere,
mich nicht groß um Ampeln schere,
wenn ich durch den Stadtpark bretter'
über Kinder, Dackel, Setter,
fahre ich auch mit Promille,
wo ein Weg, ist auch ein Wille:
kümmert mich das herzlich wenig -
bin ich Radler, bin ich König!

Dabei kann ich gar nicht fassen,
dass mich praktisch alle hassen:
Autofahrer und Passanten,
die mir vor die Räder rannten.
Und da wird mir weh zumute,
schließlich bin doch ich der Gute.
Kümmern tuts mich trotzdem wenig -
bin ich Radler, bin ich König!

In Berlin gibt's Wohnraum im Überfluss

fünfundzwanzig

Die Berliner sind Naturliebhaber

KLEIN, ABER MEIN!

Der waschechte Berliner muss ein ganz spezielles Gen besitzen, eine Art Schrebergärtner-Chromosom, das ihn dazu treibt, in eine Idylle zu streben, die aus ein paar Quadratmetern Pachtland, einer Laube, einigen Gartenzwergen sowie, in der Luxusausführung, einem Zierteich besteht. Hier kann er seinen Grund und Boden frei (innerhalb des Vereinsreglements, versteht sich) bepflanzen, den Nachbarschaftsstreit noch von Mann zu Mann austragen und mit Hilfe von Pestiziden allerlei Ungeziefer wie auch Geziefer vernichten. Hier hat er ein bisschen Grün für sich ganz allein.

Diese genetische Veranlagung erhielt noch einen evolutionären Schub durch die langjährige Insellage West-Berlins, als sich Laubenkolonien durch diesen Teil der Stadt fraßen. Da die Kleingärten äußerst rar waren und wie Familiensilber vererbt wurden, sollen sich die Bodenpreise denen in bester Citylage genähert haben und waren von daher für die meisten Berliner unbezahlbar. Diese konnten mit ihrer unseligen Veranlagung nur in die Miniaturisierung ausweichen. So schuf man Balkonbepflanzungen, die in ihrer Artenvielfalt dem Botanischen Garten in nichts nachstehen, kann wegen des tropfenden Gießwassers herrlich mit Nachbarn streiten und in zahllosen Giftschlachten den Blattläusen zu Leibe rücken. Hier hat man ein bisschen Grün für sich ganz allein.

Mit der Wende fielen sämtliche Beschränkungen. Das Schrebergärtner-Gen konnte sich ungehemmt entfalten und schuf eine enorme Menge hypertrophierter Kleingärten im Berliner Umland: Der Golfplatz-Boom der neunziger Jahre war da! Aber das besagte Chromosom war leider ins Kraut geschossen – es gibt zu wenig Golfspieler für zu viele Golfplätze. Immerhin hat nun der Golfer ein bisschen Grün für sich ganz allein.

Berliner sind Lokalpatrioten – immer und überall

In Berlin gibt's für jeden das passende Ticket

Tarifkonflikt Das Tarifsystem der Berliner Verkehrsbetriebe ist ein Wunder an Luzidität. Leider wird es immer, wenn man es nach wenigen Jahren gerade durchschaut hat, durch ein völlig neues ersetzt.

Dialog an einem **U**-Bahnhof:

Tourist:	Entschuldigen Sie – können Sie mir sagen, was ein Ticket kostet?
Berliner:	Aber klaro. 2,20 oder 2,25 oder 2,60.
Tourist:	Ja, was denn nun?
Berliner:	Na, kommt drauf an, wat Se wollen: AB oder BC oder ABC.
Tourist:	Ja, wieso denn?
Berliner:	Na, es jibt drei Tarifbereiche. Wolln Se bis Spandau? Oder bis Nauen? Oder bis Beelitz? Oder wolln Se Kurzstrecke?
Tourist:	Kurzstrecke?
Berliner:	Na ja, Mann, drei Stationen U-Bahn oder sechs mit'm Bus. Is billiger.
Tourist:	Billiger ist ja schon mal gut.
Berliner:	Noch billiger wirds, wenn Se'n Berlin-Ticket kaufen. Kostet 38 Euro.
Tourist:	Ach, damit kann ich dann in ganz Berlin …?
Berliner:	Quatsch mit Soße. Damit kriegen Se Ermäßijung auf alle Fahrkarten! Aber wenn Se die Welcome-Card für 21 Euro nehmen, denn könn' Se 72 Stunden durch janz Berlin. Mit allen drei Kindern und Fahrrad.
Tourist:	Hab' aber keine Kinder!
Berliner:	Aber wenn Se welche hätten, denn könnten Se! Aber denn könnten Se ooch die Kleingruppen-Karte koofen. Kostet 14 Euro für AB, 14,50 für BC und für ABC 15 Euro.
Tourist:	Und für AC?
Berliner:	Jibt's nich! Aber bei der 7-Tage-Karte könn' Se wahlweise AB, BC, ABC oder ABC plus 1 Landkreis oder ABC plus 2 Landkreise oder ABC plus 1 Landkreis plus 1 kreisfreie Stadt! Das is doch was!
Tourist:	Ach nee, lassen Sie mal, ich hab mich jetzt entschieden: Ich fahr' lieber schwarz!

Die berüchtigten Berliner „Hütchenspieler" haben auch ihr Gutes

…zum Beispiel inspirierten sie die Berlin-Besucher Moni und Heinz F. aus W. zum Spiel „Wo steht der Fernsehturm?"

Die Berliner sind begeisterte Fußballfans

Liebe im Abseits

Kaum jemand würde annehmen, dass in Berlin Hochgebirgsalpinisten mehr als eine unbedeutende Minderheit darstellten, denn der Mangel an Hochgebirgen hierzulande ist offenkundig. Umso verwunderlicher ist es, dass der Berliner über alle Maßen fußballbegeistert ist. Schließlich lebt er fußballerisch in einer Art Niemandsland. Aus der Bedeutungslosigkeit der Kickerödnis ragen allenfalls zwei Namen hervor: Hertha BSC und der 1. FC Union.

Die beiden sind sich ähnlicher, als sie selber und ihre zahlreichen Fans glauben. Am Anfang jeder Saison setzen die Herthaner ebenso wie die „Eisernen" regelmäßig mit langem verbalem Anlauf zum ganz großen Sprung nach vorn an, der sich dann leider stets als lächerlicher Hüpfer entpuppt und nicht selten auf einem Abstiegsplatz endet. Mit einem Wort: Als Berliner Fußballfan braucht man nicht nur eine durchtrainierte Leber und stabile Stimmbänder, sondern vor allem eine äußerst flexible Frustgrenze.

Glücklicherweise hat der DFB ein Einsehen gehabt und das Pokalendspiel ein für alle Mal nach Berlin vergeben, damit die Berliner Fußballfans wenigstens einmal im Jahr auf ihre Kosten kommen. Der wahre Grund freilich wurde nie genannt: Auf diese Weise bleibt die Gefahr gering, dass einer der beiden Endspielgegner mal ein Heimspiel haben könnte – denn die Annahme, ein Berliner Verein könnte bis ins Finale vorstoßen, erscheint ziemlich abenteuerlich.

Berlin hat ein Herz für Bonn

Die Berliner sind fleißig

Lieber feste arbeiten als Feste feiern!

Spätestens dann, wenn man versucht hat, von Berlin aus am 1. November irgendwen in München telefonisch zu erreichen, wird einem bewusst, wie ungerecht die Welt eingerichtet ist: Die da in Bayern feiern Allerheiligen – was immer das auch sein mag –, während wir in Berlin ackern müssen! Und das nicht nur an Allerheiligen – was immer das auch sein mag –, sondern auch an den Heiligen Drei Königen, an Fronleichnam und an Mariä Himmelfahrt. Insgesamt hat Bayern zwölf Feiertage, die Stadt Augsburg als Zentrum des Extrem-Holydaying sogar dreizehn, und Berlin muss sich mit deren acht begnügen. Ungerechterweise hat Berlin nicht einmal am Reformationstag frei, obwohl es von Feiernden umzingelt ist. In Brandenburg wird an diesem Tag nämlich gesetzlich gefeiert. Zu denken gibt auch, dass in Bayern der erste Weihnachtstag meistens auf einen Werktag fällt, während in Berlin Ostern immer auf einen Sonntag gelegt wird.
Weil in Berlin mehr malocht und weniger gefeiert wird als anderswo, sollte man annehmen, diese zusätzliche Produktivität ließe die Stadt aufblühen. Das ist aber leider nicht so, weil die Mehrarbeit voll und ganz von der Bankgesellschafts-Pleite absorbiert wird. Und deren Folgen sind erheblich, weil die Manager ja auch vier Arbeitstage im Jahr mehr hatten, um die Karre in den Dreck zu fahren. So schließt sich der Kreis.
Inzwischen hört man von Bestrebungen, Berlin feiertagsmäßig auf Bundesniveau zu heben. So gibt es Vorschläge zur Etablierung von Allerheiligen – was immer das auch sein mag –, und es wurde angeregt, den 6. Januar einer demokratischen Hauptstadt gemäß zu feiern: als Tag der Heiligen Drei Bundeskanzler.

Berlin hat mehr Berge, als man glaubt

Die Berliner Eckkneipen sind spitze

Freud und Leid

Jeden Abend jeh ick aus
inne Kneipe hier im Haus,
und nach zehn bis fuffzehn Bieren,
da valier ick die Manieren.
Rejelmäßich mach ick dann
Irjend so 'nen Typen an.
„Kuck nich dusslich, Macker du!
Is wat?" sach ick und schlach zu.
Schlare ihm de Fresse ein,
demolier sein Nasenbein,
und der Abend is jeloofen,
det jehört bei mir zum Schwoofen.

Aber jeftern war ick da,
stand 'ne Type an der Bar,
Riewenfäufte uff'm Trewen –
war wohl Bokfer mal jewewen,
war wo'n Meter neunfich jrof,
quatft mich an, und fon jeht'f lof:
„Kuck nich dufflich, Macker du!
If waf?" wacht er und flächt fu.
Flächt mir dann die Freffe ein,
demoliert mein Nawenbein.
Wofu braucht der Menf fon Fähne?
Icke hab weit jeftern keene.

In Berlin jagt ein Event das andere

fünfunddreißig

In Berlin lässt sich's gut parken

Wie man dem Knöllchen entgeht

Wenn es um die Finanzen geht, ist der Berliner Senat nicht gerade reich, dafür aber einfallsreich. Am einfachsten lassen sich die Einnahmen erhöhen, wenn man bei den Autofahrern ansetzt. Als Raser, Umweltschädlinge oder Arme-Igel-platt-Fahrer sitzen sie moralisch eh am kürzeren Hebel und begehren deshalb nicht auf.

Da amortisiert sich die Anschaffung eines Blitzgerätes schon nach kurzer Zeit, und wenn es mal nicht so läuft, wird eine Durchgangsstraße kurzerhand zur 30er-Zone erklärt und so zur Quelle fortgesetzt sprudelnder Einnahmen gemacht.

Noch lukrativer ist das Verteilen von Knöllchen wegen Falschparkens. Dabei geht man nach einer Doppelstrategie vor: Zum einen sorgt man durch so genannten Rückbau für eine Reduzierung der Parkplätze, zum anderen optimiert man bei den noch vorhandenen die kommerzielle Nutzung durch ein effizientes System der Parkraumbewirtschaftung, indem man Anwohnern gegen Gebühr Parkplätze verkauft, die gleichzeitig von Kurzzeitparkern genutzt werden können. Letzteres kostet dann nämlich einen Parkgroschen, wobei der Groschen mittlerweile zwischen einem und drei Euro kostet.

Wie man hört, entwickeln Mathematiker der Humboldt-Universität derzeit eine Formel, in der Parkgebühr, Benzinpreis, Zeit und Spritverbrauch so zueinander in Relation gesetzt sind, dass der Autofahrer in Sekundenschnelle ausrechnen kann, ob es sich lohnt zu parken oder ob es nicht billiger wäre, statt dessen die ganze Zeit in der Gegend herumzufahren.

In Berlin kann man sich sicher fühlen

Berlinerisch kann jeder lernen

Auf Kriechsfuß mit dem G

Keiner weiß, warum – aber es war schon immer so:

Der echte Berliner hat eine tief sitzende Aversion gegen

den Buchstaben G und ignoriert ihn konsequent. Deshalb kommt dieser

stimmhafte Verschlusslaut im Berliner Dialekt auch praktisch nicht vor –

egal, ob er sich am Anfang, in der Mitte oder am Ende eines Wortes befindet.

Das Anfangs-G wird bekanntermaßen in ein J verwandelt,

und das können sich sogar Nichtberliner janz jut merken.

In der Wortmitte mutiert das G in bestimmten Fällen zu einem nachlässig

gesprochenen R, fraren Se nich warum.

Und am Ende wird auf jeden Fall ein CH daraus,

hundatprozentich!

Aber ick sare mal so: Is im Jrunde jar nich so schwierich!

Berlin bietet viele sportliche Höhepunkte

neununddreißig

Berlin ist ganz groß in der Reklame

Perlen vor die Säule

Vor rund 150 Jahren kam ein Berliner Drucker, Ernst Litfaß, auf die Idee, Werbetafeln rund zu biegen, mit behördlicher Genehmigung in die Landschaft zu stellen und nach sich selber zu benennen: Die Litfaßsäule war geboren und bis zur Einführung der variablen Bandenwerbung im Fußball der effektivste Werbeträger überhaupt. In den letzten Jahren beobachtet man allerdings den Trend, die Reklameflächen ins Gigantische zu vergrößern. Da wird dann schon mal die gesamte Gedächtniskirche in eine PR-Folie gehüllt, oder von einer Hausfront lächelt von einem Mega-Plakat eine riesige junge Dame, die ihre Haut für eine Dessousfirma zu Markte trägt und mindestens Körbchengröße DDD hat. Eine Litfaßsäule, die da mithalten will, müsste dann schon die Dimensionen eines Gasometers haben.
Seit aber eine clevere Firma kostenlos Wartehäuschen an den Bushaltestellen aufgebaut hat und deren Wände als flache Litfaßsäule nutzt – die reziproke Idee des seligen Ernst Litfaß sozusagen –, scheinen die altvertrauten Säulen allmählich auszusterben. Und mit ihnen leider wohl auch dieser wunderbare alte Litfaß-Witz, den in wenigen Jahren vermutlich kaum noch jemand verstehen wird:

Ein Betrunkener torkelt die Straße entlang, knallt gegen eine Litfaßsäule und fängt an, sich um sie herum zu tasten. Als er sie dreimal umrundet hat, hält er inne und murmelt verstört vor sich hin: „Verdammt! Eingemauert!"

Berlin ist multikulti

Berlin hat exotische Straßennamen zu bieten

Wer zählt die Straßen, nennt die Namen ...

Berlin zeigt traditionell eine bemerkenswerte Experimentierfreude bei der Benennung seiner Straßen. Dass man sich damit selbst Probleme schafft, liegt in der Natur der Sache.

Wie soll ein Berliner Ureinwohner beispielsweise die **Windsorer Straße** aussprechen? Englisch korrekt als „Windserer"? Ach was, er wird natürlich „Windsohrer" sagen, auch wenn sich möglicherweise anwesenden Engländern der Hörnerv zusammenringelt. Und erst die **Tourcoing-Straße**! Von Turköing bis Türken sind mindestens 13 Varianten möglich.

Den **Olivaer Platz** nennt der Berliner bevorzugt „Ollivarer Platz" – könnte ja von Oliver kommen. Tut's aber nicht, sondern von der polnischen Stadt Oliva, mit Betonung auf dem I. Auch bei der Betonung der bekannten **Dominicusstraße** geht es wie Kraut und Rüben durcheinander: Mal wird das erste I betont, mal das zweite. Was richtig ist, weiß keiner so genau – und ist davon abhängig, welcher BVG-Fahrer gerade die Haltestelle ausruft.

Dass die **Clayallee** bei den meisten Berlinern zur „Klee-Allee" mutiert ist, verwundert nicht weiter, aber ob es tatsächlich jemanden gibt, der die **Charles-H.-King-Straße** korrekt als „Tscharls-Äitsch-King" ausspricht, bleibt eines der vielen Berliner Geheimnisse.

Ein überlieferter Sechszeiler umreißt die gesamte Problematik treffend:

Der Kudamm ist nach Ku benannt,
der Bundesplatz nach Bundes,
der Schäfersee trägt, wie bekannt,
den Namen eines Hundes.
So weit, so gut. Doch warum heißt
der Kleistpark so? Und was ist Kleist?

Im Sommer sitzen die Berliner gern draußen

Berlin hat seine Love-Parade

Liebes Tagebuch!

Entschuldige, dass ich so lange nicht geschrieben habe. Ich bin am Freitag in Berlin am Zoo angekommen und habe erstmal ein bisschen bei McDonalds rumgehangen. Dann habe ich mir ein Red Bull reingezogen und bin in die Columbia-Halle zum Abtanzen. Geile Beats! Hab einen irren süßen Typen kennengelernt, Tel.Nr. auf der Zigarettenschachtel notiert. Morgens um 8 abgehauen, zum Tiergarten durchgeschlagen und ein paar Stunden gechillt. Mittags Trillerpfeife gekauft, zwei Red Bull eingepfiffen und zur Love-Parade! Geile Mucke! Gaaanz süßen Typen kennengelernt, Tel.Nr. auf der Zigarettenschachtel notiert, abends zum Loveteam auf dem Messegelände, drei Red Bull eingefahren und schwer abgehottet bis morgens. Echt geile DJs! Tel.Nr. von einem richtig süßen Typen auf der Zigarettenschachtel notiert. Sonntagvormittag auf einer Bank im Park gedöst, vier Red Bull reingezogen und in den Tresor. Ganzen Tag durchgetanzt. Wirklich süßen Typ kennengelernt & Tel.Nr. auf der Zigarettenschachtel notiert. Quatscht mich voll, dass Rauchen schädlich ist und so. Habe beschlossen aufzuhören und die Zigarettenschachtel weggeschmissen. Scheiße. Bin jetzt seit 60 Stunden auf den Beinen und warte auf den Zug. Bin hundemüde und könnte auf der Stelle einschl

vierundvierzig

Der Berliner Dialekt wirkt erotisierend

fünfundvierzig

Berliner lassen sich gern filmen

Vorsicht Kamera!

Berlin ist eine Filmstadt. Nicht nur, dass man ständig auf den Straßen irgendwelche Filmteams bei der Arbeit sieht, wenn sie mitten im Sommer eine Straße künstlich einschneien, mit 1000-Watt-Scheinwerfern so manche Nacht zum Tage machen oder einen Dom schnell mal in die Bank von England verwandeln – nein, auch Amateure sind ständig dabei, alles aufzunehmen. Allein in den U-Bahnhöfen gibt es hunderte von Kameras, Kaufhäuser werden sowieso überwacht, und sogar in den Fußgängerzonen ist Big Brother zur Stelle.

Was bedeutet das nun eigentlich für uns? In erster Linie, dass wir immer gepflegt in Erscheinung treten und vor dem Verlassen des Hauses unseren Maskenbildner konsultieren sollten. Außerdem sollte man sich immer wieder bewusst machen, dass übertriebene Mimik seit den Stummfilmtagen leicht lächerlich wirkt. Also sollte man in Kaufhäusern oder auf Bahnhöfen seine schauspielerischen Mittel eher sparsam einsetzen, das zeigt den Profi und kommt beim Aufsichtspersonal viel besser an. Mit etwas Glück kann man den einen oder anderen Kaufhausdetektiv sogar zu einem Spontan-Applaus hinreißen.

Auf der anderen Seite sollte man nicht dem Irrtum verfallen, man werde auf Schritt und Tritt beobachtet. Das ist unprofessionell und führt zu Peinlichkeiten, wie das Beispiel von Knut H. aus Itzehoe zeigt, der mit dem Bus nach Spandau fahren wollte. Er stieg am Zoo in den 149er, fand aber keinen Sitzplatz. Nach ein paar Haltestellen wurde endlich ein Platz frei. Knut setzte sich, doch im selben Moment kam aus dem Lautsprecher eine schroffe Stimme: „Theodor-Heuss-Platz!" – „Oh!" murmelte Knut erschrocken und blickte sich nach der Kamera um, „das wusste ich nicht!" Und schleunigst machte er den Platz wieder frei.

Berlin hat kulinarisch viel zu bieten

siebenundvierzig

Die Berliner haben's gern ruhig

Warte nur, balde ...

Preußens allergrößte Geister
lebten einstmals in Berlin,
Dichter, Denker, Hofbaumeister,
und nun sind sie alle hin,

liegen in Berliner Erde,
und es gibt auch einen Plan,
durch den man geleitet werde,
damit man sie finden kann.

Die Berliner Friedhofstouren
sind inzwischen sehr beliebt,
wenn man sich auf Gräberspuren
in die alte Zeit begibt.

Hegel, Fichte, die Varnhagen,
Schadow, Schinkel, Ranke, Rauch
sind die Highlights sozusagen,
Theodor Fontane auch.

Und hier haben Brecht und Zille,
Virchow, Siemens, Ringelnatz
wie auch Grosz in aller Stille
ihren letzten Ruheplatz.

Ach, solch auserwählte Runde,
dass man leicht die Wehmut kriegt –
fast freut man sich auf die Stunde,
da man selbst dazwischen liegt.

Berlin ist für seine kulturelle Vielfalt berühmt

neunundvierzig

Berlin bietet Natur pur

Wo sich Fuchs und Has' gute Nacht sagen

Stadt ist Stadt und Land ist Land, denken die meisten: In der Stadt leben nur Haustiere, und drumherum ist das Revier der frei lebenden Tiere – abgesehen von den gierigen Mückenschwärmen, die in schwülen Sommernächten schon mal für Tropen-Feeling auf dem Balkon sorgen können. Doch dieses Weltbild kommt ins Wanken, wenn man nachts plötzlich auf einem Innenstadt-Parkplatz ganze Horden von Kaninchen durch die Dunkelheit hoppeln sieht. Aber es gibt sie immer häufiger, die Wildtiere in der Großstadt.

Oft bemerkt man sie erst wegen ihrer Inkompatibilität mit Kraftfahrzeugen: Igel beispielsweise findet man fast nur in plattem Zustand, und wenn man meint, nachts eine Katze überfahren zu haben, kann sich diese schon mal als Reinecke Fuchs entpuppen. Man darf sich auch nicht wundern, wenn mitten auf der Fahrbahn plötzlich ein paar Wildschweine auftauchen und den Verkehr blockieren. Diese Viecher haben sich in den letzten Jahren enorm vermehrt und machen Berlin allmählich zum Saustall, obwohl sie doch eigentlich nicht zu den Lokalpolitikern gehören.

Jedenfalls sollte man in Berlin auf der Hut sein, wenn man des Nachts mit dem Auto unterwegs ist. Im Scheinwerferlicht könnten nicht nur – wie in jeder anderen anständigen Großstadt auch – Betrunkene auftauchen und zur Vollbremsung zwingen, sondern auch Kaninchen, Füchse oder gar Wildschweine. Nur wenn man ein großes Tier mit einem langen Rüssel sieht, stimmt was nicht: Dann hat man sich verfahren und ist im Tierpark Friedrichsfelde gelandet.

In Berlin liegt das Geld auf der Straße

Berlin ist ein gutes Pflaster für Investoren

Hauptstadtbau

Als Berlin zur Bundeshauptstadt auserkoren worden war, sahen alle Immobilienhaie Deutschlands ihre große Chance. Sie wollten unbedingt ihr Geld investieren, wussten aber nicht, wohin. Wenn daher irgendwer auf eine Idee kam, schlossen sich ihm alle anderen an. So hat Berlin mehrere Bauwellen erlebt, die epedemieartig über die Stadt hinwegzogen.

Zuerst wurde jede Baulücke, derer man ansichtig wurde, mit einem Bürogebäude gefüllt. Bis man merkte, dass man inzwischen für jeden Berliner ein eigenes Großraumbüro zur Verfügung stellen konnte. Und so stehen jetzt die meisten leer.

Die nächste Welle brachte Kinos in jeder erdenklichen Menge und Form. Bis man feststellte, dass die Berliner gar nicht alle zur gleichen Zeit einen Film sehen wollen. Und nun sind die meisten ziemlich leer.

So brach die Zeit der Shopping-Center an. An jede halbwegs belebte Kreuzung wurde solch ein Ding hingebaut, und die Berliner könnten nun ganz bequem von morgens bis abends einkaufen. Tun sie aber nicht.

Vielmehr sehen sie heute erstaunt zu, wie ein Altenwohnheim nach dem anderen entsteht und die Investoren auf Jagd nach alten Menschen gehen. Die gibt es zwar zur Genüge in Berlin, aber die Wohnheimplätze sind derart teuer, dass man stattdessen auch gleich seinen Lebensabend in der Toskana verbringen könnte. Und da hätte man eine wesentlich schönere Aussicht als auf einen Berliner Hinterhof.

Aber vielleicht findet sich ja doch noch eine Klientel für die vielen Altenwohnheime: die ganzen Spekulanten, die in Bürohauser, Kinos und Shopping-Center investiert haben und jetzt ganz alt aussehen …

In Berlin findet jeder seine Demo

dreiundfünfzig

Berlin ist Radio-aktiv

Berlin 99.9

In Berlin kann man gut zwei Dutzend Radioprogramme empfangen, und der Kampf um die Werbekunden ist hart. Demnächst soll ein neuer Sender hinzukommen: Berlin 99.9. Wir sprachen mit dem Geschäftsführer, Dr. Willi Welle.

Wir: Herr Dr. Welle, der neue Sender soll Berlin 99.9 heißen …
Dr. Welle: Ja, das ist modernes Marketing. Wie im Supermarkt, da kostet auch alles 9,99, und die Leute kaufen wie doll. Bei uns bleiben sie auch knapp unter der Schwelle von 100 Megahertz, und das ist doch echt geil!
Wir: Und wie ist Ihr Sendekonzept?
Dr. Welle: Musik der 70er und 80er Jahre und von heute …
Wir: Aber das machen die anderen doch auch schon. „Hits der 70er und 80er und das Beste von heute" zum Beispiel. Oder „Das Beste der 70er und 80er Jahre und die Hits von heute" …
Dr. Welle: Sicher. Aber wir haben ein ganz anderes Konzept: „Die besten Hits der 70er und 80er und von heute!" Das haut rein!
Wir: Und Sie meinen, dieses Konzept wird genug Hörer begeistern?
Dr. Welle: Um Begeisterung geht es uns nicht. Wir gehen einen völlig neuen Weg. Die anderen machen Gewinnspiele und Telefonaktionen und verlosen Tausende von Euro, um einen hohen Marktanteil zu realisieren.
Wir: Und Sie?
Dr. Welle: Wir hingegen legen das Geld ohne Streuverlust direkt an – wir werden hauptberufliche Hörer engagieren, die gegen Honorar eine vertraglich festgelegte Zeit am Tag Berlin 99.9 hören. Dagegen kommt kein noch so gutes Programm an!
Wir: Na, dann können wir ja mit dem Hören aufhören.

Die Berliner sind kulturelle Feinschmecker

fünfundfünfzig

Die Berliner mögen Umzüge

Am Aschermittwoch ist nicht alles vorbei!

Aus dem Rheinland kommen Leute,
mäkeln in Berlin total
als des Frohsinns fette Beute:
„Da gibts nicht mal Karneval!"

Sicher, es gibt wenig Jecken,
die am Rosenmontags-Tag
sich in Clownskostüme stecken,
weil man das hier nicht so mag.

Doch ein wildes Umzugstreiben
kennt man in der Hauptstadt auch,
lässt es nicht bei einem bleiben:
Dreimal jährlich ist der Brauch.

Erstens gibt es die Parade
zum Christopher Street Day mal,
die ist lange nicht so fade
wie der Kölner Karneval.

Zweitens hat man einmal jährlich
die bekannte Love-Parade,
die doch, seien wir mal ehrlich,
über Mainzer Fassnacht steht.

Und beim Karn'val der Kulturen
sieht man in der ganzen Stadt
drittens Multikulti-Spuren,
wie am Rhein sie keiner hat.

Fazit: In Berlin gibts jede
Menge Spaß, nur kein „Helau!"
und auch keine Büttenrede –
Gott sei Dank, da ist man schlau!

In Berlin ist der Kunde König

Die Berliner fahren ab auf Geländewagen

4x4 im Stau

In der Brust zahlloser Berliner muss ein Abenteurerherz schlagen, mühsam gezähmt nur durch die real existierende Großstadtzivilisation. Anders ist die Tatsache nicht zu erklären, dass auf Berlins Straßen mehr Geländewagen fahren als in allen Wüsten Afrikas zusammen. Aber der Alltag ist hart, und wie oft muss man sich mit seinem Off-Roader zum nächsten Supermarkt durchkämpfen, um Mineralwasser und Proviant zu fassen! Ganz zu schweigen von den winterlichen Blizzards, die Berlin manchmal an ein bis zwei Tagen im Jahr heimsuchen und gegen die man nur mit Allradantrieb gewappnet ist. Außerdem muss die Gewissheit beglückend sein, mit seinen 211 PS der King im Stau zu sein, wenn man den Gotthardt-Pass vor sich hätte und nicht die Berliner Stadtautobahn.

Andererseits muss man zugeben, dass man die sich ständig verschlechternde Qualität der Berliner Straßen bei der Wahl seines Fahrzeuges berücksichtigen sollte. Wer jemals gesehen hat, wie ein guter alter Mini über die desolate Fahrbahn brezelt und die Köpfe der Insassen im Rhythmus der Bodenwellen synchron gegen die Decke stoßen, wird den Trend zum Cherokee, Pajero oder Frontera womöglich gar nicht mehr so lächerlich finden, wie er bei erstem Hinsehen scheint.

In Berlin gibt es keine Kleiderordnung

Berlin hat viele Schlösser

ABER EINS FEHLT

WIE VIELE SCHLÖSSER IN BERLIN STEHEN, WISSEN DIE WENIGSTEN, ABER IRGENDEIN HERR HAT SIE GEZÄHLET, DAMIT IHM AUCH KEINES FEHLET, UND ER KAM AUF ETWA EIN DUTZEND, VOM PRUNKVOLLEN CHARLOTTENBURGER SCHLOSS ÜBER DAS SCHLOSS BELLEVUE, DAS THEORETISCH AMTSSITZ DES BUNDESPRÄSIDENTEN IST, WENN ES NICHT GERADE PRAKTISCH RENOVIERT WIRD, BIS ZUM LUST-SCHLÖSSCHEN AUF DER PFAUENINSEL, DAS EIGENTLICH MEHR EINE BRETTERBUDE IST.

AM MEISTEN WIRD ABER ÜBER EIN SCHLOSS GESPROCHEN, DAS ES GAR NICHT GIBT: DAS BERLINER STADTSCHLOSS. ES WURDE 1950 WEGGESPRENGT, UM PLATZ ZU SCHAFFEN FÜR DEN GEPLANTEN SOZIALISMUS. DER FIEL DANN ALLERDINGS DOCH BEDEUTEND KLEINER AUS ALS VORGESEHEN, UND SO ERSETZTE MAN DAS ALTE SCHLOSS DURCH EINEN NEUEN PALAST. ES DAUERTE ABER NICHT MAL EINE HALBE EWIGKEIT, BIS SICH DIE ZEITEN WIEDERUM GEÄNDERT HATTEN UND ES FREI NACH BÜCHNER HIESS: „FRIEDE DEN PLATTENBAUTEN, KRIEG DEM PALAST!"

UND SO SOLL NUN WIEDER EIN SCHLOSS HER. WER JEMALS MIT EINEM BERLINER SCHLÜSSELDIENST ZU TUN GEHABT HAT, DER WEISS, DASS SO WAS EINE SCHÖNE STANGE GELD KOSTEN KANN. DAS WAR FRÜHER ALLES EINFACHER: WENN EIN FÜRST DAS BEDÜRFNIS NACH EINEM NEUEN SCHLOSS HATTE, PRESSTE ER DIE BEVÖLKERUNG BIS AUFS BLUT AUS UND BAUTE DRAUFLOS. DAS KANN DER SENAT HEUTE NATÜR-LICH NICHT – DENN DIE BERLINER SIND ÜBER BVG-FAHRPREISE, STADTREINIGUNG, WASSERGELD UND SO WEI-TER BEREITS SO AUSGEQUETSCHT, DASS ES NICHTS MEHR ZU PRESSEN GIBT. DENNOCH IST BESCHLOSSENE SACHE: DAS STADTSCHLOSS WIRD GEBAUT! BIS AUF WEITERES ALLER-DINGS ALS LUFTSCHLOSS …

In Berlin gibt's jede Menge Volksfeste

Berlin hat fast den größten Marathon

Kilometerfresser

Egal, ob ein Berliner eher zur 3-F-Kategorie zählt (fett, faul und flegmatisch) oder richtig sportlich ist – den alljährlichen Marathonlauf mögen sie alle. Entweder weil sie zusehen wollen, wie 35 000 Menschen sich abrackern, oder weil sie es aufregend finden, sich zusammen mit 34 999 anderen Menschen abzurackern. Dabei muss man nicht unbedingt laufen: Fast 10 000 Skater, über 100 Renn-Rollis und an die 200 Powerwalker sind dabei. Nur die Extrem-Flaneure dürfen zur Zeit noch nicht mitmachen. Die Schnellsten schaffen die Strecke in etwa zweieinhalb Stunden, haben dann aber kaum etwas von Berlin gesehen. Die Letzten indes kommen erst nach gut sechs Stunden an, haben dafür aber alle 800 000 Zuschauer einzeln betrachten können.

Wenn man die veröffentlichten Rekordzahlen sieht, könnte man an eine Art ambulanten Obsttag denken: 120 000 Bananen und 40 000 Äpfel werden verteilt, und Flüssiges zum Runterspülen wird in 1 000 000 Trinkbechern gereicht oder oft auch hinterhergeschmissen. Insgesamt werden ungefähr 120 000 000 Liter Luft geholt, was die Sportler allerdings selber machen müssen. Dabei wird die gesamte bodennahe Atmosphäre einmal ausgetauscht! Für die Sicherheit sorgen nach offiziellen Angaben ganze Heerscharen von Sicherheitsbeamten sowie über 200 000 Sicherheitsnadeln. Am Ende werden an den Athleten insgesamt mehr als 50 Zentner Medaillen festgemacht.

So stolz die Berliner aber auch auf ihren Rekord-Marathon sind – eines wurmt sie: Berlin liegt hinter Chicago und London weltweit nur an dritter Stelle. Es ist damit zu rechnen, dass die Organisatoren die Strecke auf 52,195 km verlängern, um wenn schon nicht den größten, dann wenigstens den längsten Marathonlauf der Welt zu haben.

Berliner wollen immer alles genau wissen

Berlin ist die Stadt der Dubletten

Doppelt hält besser

Jeder weiß: Beim Flugzeugbau
sind die Konstrukteure schlau,
um ganz sicher hier zu sein,
bau'n sie alles doppelt ein.
Das Prinzip ist sehr bekannt,
und man nennt es redundant.

Auch Berlin ist akkurat
eine redundante Stadt:
Zweimal Oper, zweimal Zoo,
gibt es das auch anderswo?
Auch zwei Universitäten
hat man kaum in andern Städten.

Und es trotzen manchem Sturm
sowohl Funk- als Fernsehturm.
Das ist ziemlich praktisch, denn
nur mal angenommen, wenn
eine Oper mal nicht kann,
ist sofort die andre dran.

Doch nicht übel wäre da
auch ein doppelter Etat!